भारतवर्ष की पावन ब्रजस्थली में एक महान् एकात्म चिंतक ने जन्म लिया, जिसने विश्व में भारत का, भारत में मथुरा का और मथुरा में एक छोटे से गाँव नगला चंद्रभान का मान बढ़ाया। इसी गाँव के एक विद्वान् परिवार के भगवती प्रसाद उपाध्याय घर की विषम आर्थिक स्थिति के कारण अपने गाँव से दूर रेलवे में नौकरी करते हैं। बालक नाना चुन्नीलाल के घर जन्म लेता है।

AF553262

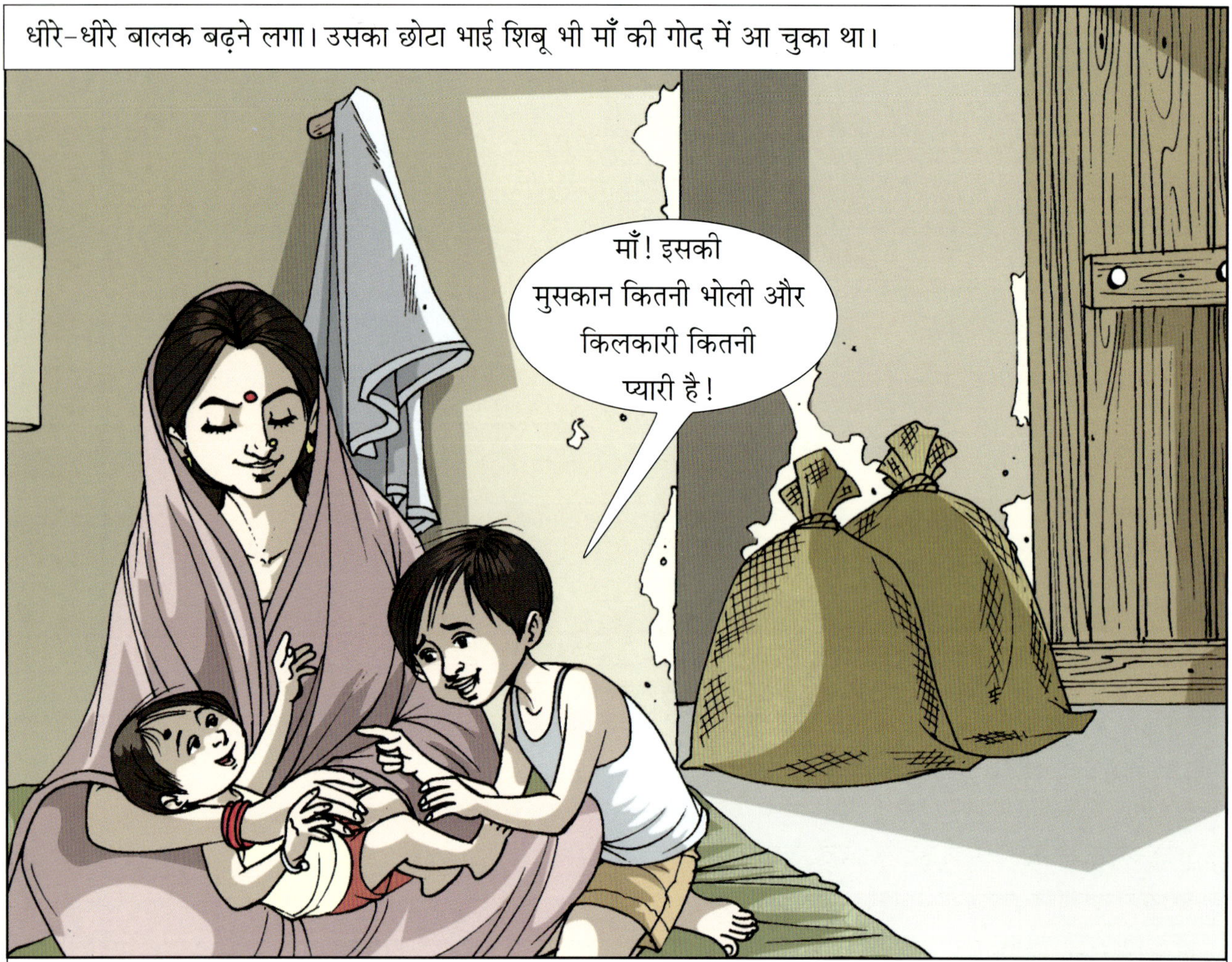

धीरे-धीरे बालक बढ़ने लगा। उसका छोटा भाई शिबू भी माँ की गोद में आ चुका था।

माँ! इसकी मुसकान कितनी भोली और किलकारी कितनी प्यारी है!

दीना का ननिहाल आगरा में फतेहपुर सीकरी के पास था। उसके नाना और मामा स्टेशन मास्टर थे। नानी उसे बहुत स्नेह करती थीं। दीना अपने ममेरे भाइयों के साथ खेलता-खाता बढ़ता रहा।

अचानक एक दिन—
हा-हा! दामाद भगवती प्रसाद नहीं रहे। उनकी संदेहजनक स्थिति में मृत्यु हुई है। बेटी, पता नहीं हमारे भाग्य में क्या लिखा है। लेकिन जब तक मैं हूँ, तुम खुद और बच्चों को अनाथ मत समझना।

किंतु रामप्यारी यह दुःख बरदाश्त नहीं कर पाईं और क्षय रोग की शिकार हो गईं। 7 वर्ष के दीना एवं 5 वर्ष के शिबू को छोड़कर वे भी चल बसीं।

देखो, माँ के जाने के बाद से ये बच्चे बहुत उदास रहते हैं। मैंने निर्णय लिया है कि रेलवे की नौकरी छोड़कर बच्चों को खुद पालूँगा। तुम और इनकी मामी इन्हें खूब स्नेह दो।

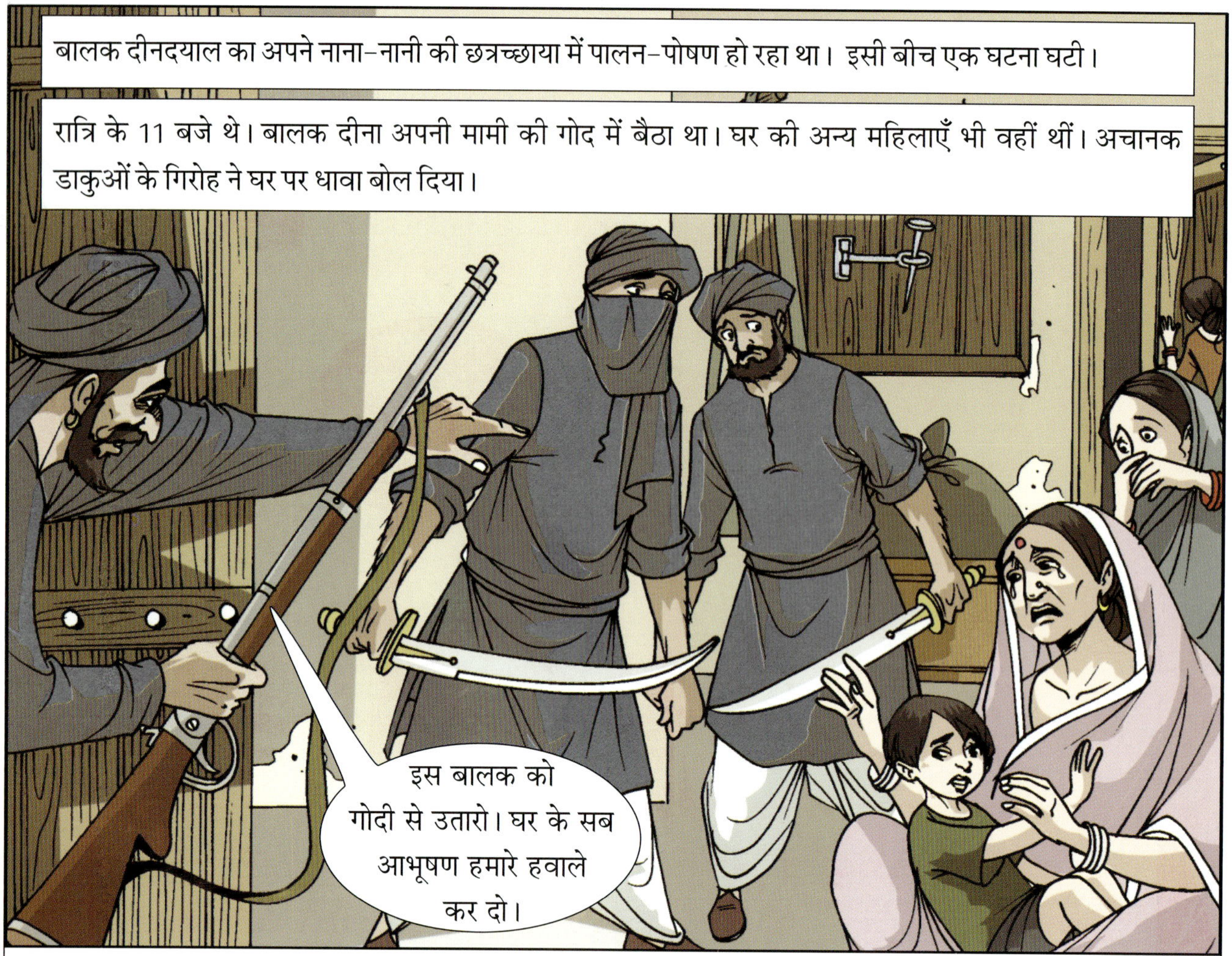

बालक दीनदयाल का अपने नाना-नानी की छत्रच्छाया में पालन-पोषण हो रहा था। इसी बीच एक घटना घटी।

रात्रि के 11 बजे थे। बालक दीना अपनी मामी की गोद में बैठा था। घर की अन्य महिलाएँ भी वहीं थीं। अचानक डाकुओं के गिरोह ने घर पर धावा बोल दिया।

इस बालक को गोदी से उतारो। घर के सब आभूषण हमारे हवाले कर दो।

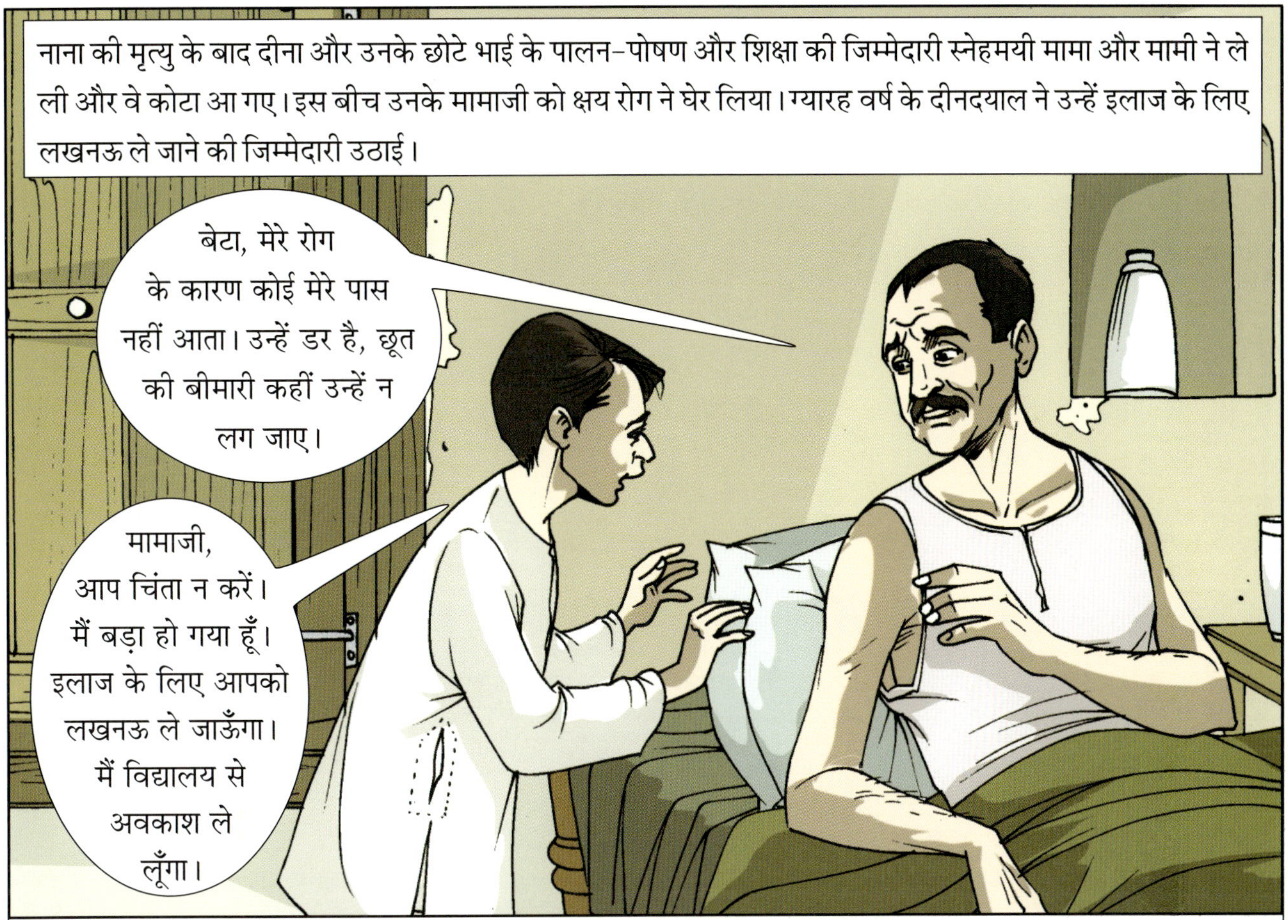

नाना की मृत्यु के बाद दीना और उनके छोटे भाई के पालन–पोषण और शिक्षा की जिम्मेदारी स्नेहमयी मामा और मामी ने ले ली और वे कोटा आ गए। इस बीच उनके मामाजी को क्षय रोग ने घेर लिया। ग्यारह वर्ष के दीनदयाल ने उन्हें इलाज के लिए लखनऊ ले जाने की जिम्मेदारी उठाई।

बेटा, मेरे रोग के कारण कोई मेरे पास नहीं आता। उन्हें डर है, छूत की बीमारी कहीं उन्हें न लग जाए।

मामाजी, आप चिंता न करें। मैं बड़ा हो गया हूँ। इलाज के लिए आपको लखनऊ ले जाऊँगा। मैं विद्यालय से अवकाश ले लूँगा।

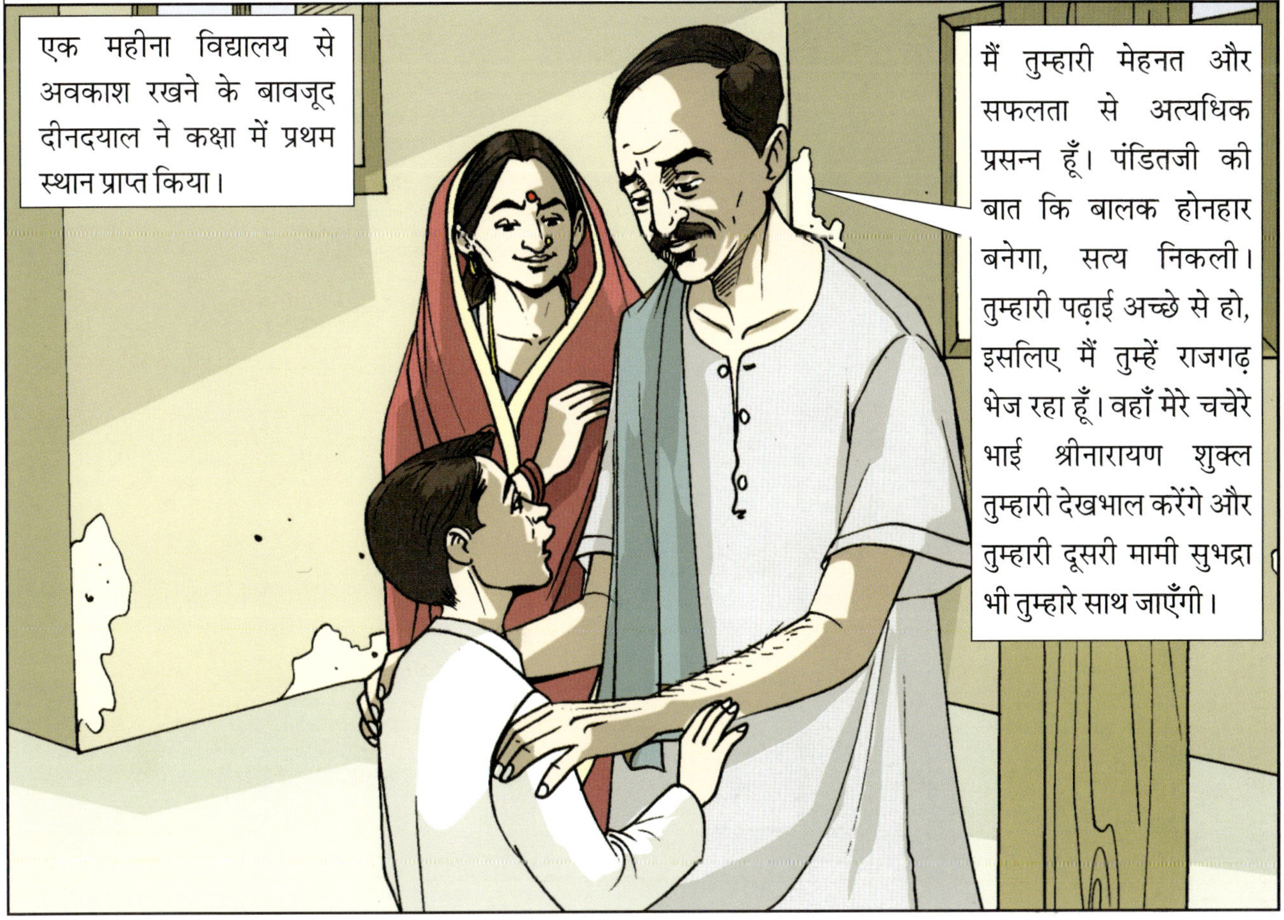

एक महीना विद्यालय से अवकाश रखने के बावजूद दीनदयाल ने कक्षा में प्रथम स्थान प्राप्त किया।

मैं तुम्हारी मेहनत और सफलता से अत्यधिक प्रसन्न हूँ। पंडितजी की बात कि बालक होनहार बनेगा, सत्य निकली। तुम्हारी पढ़ाई अच्छे से हो, इसलिए मैं तुम्हें राजगढ़ भेज रहा हूँ। वहाँ मेरे चचेरे भाई श्रीनारायण शुक्ल तुम्हारी देखभाल करेंगे और तुम्हारी दूसरी मामी सुभद्रा भी तुम्हारे साथ जाएँगी।

दीनदयालजी अपनी कक्षा में तो प्रथम आते ही थे। कभी-कभी उच्च कक्षा के सवालों को भी हल करने के लिए उन्हें बुला लिया जाता था।

दीनदयालजी चुपचाप घर के सब कार्य भी किसी के कहने से पहले ही कर दिया करते थे। पुस्तकों के अभाव के बावजूद उनकी कभी कोई माँग भी नहीं करते थे।

इस बीच उनके मामाजी का स्थानांतरण सीकर हो गया। राजगढ़ के अध्यापकों को दीनदयालजी के जाने का बहुत दुःख हुआ।

हुआ भी ऐसा ही। अजमेर बोर्ड की परीक्षा में सभी विषयों में विशेष अंक प्राप्त कर दीनदयाल ने प्रथम श्रेणी में सर्वप्रथम स्थान प्राप्त किया।

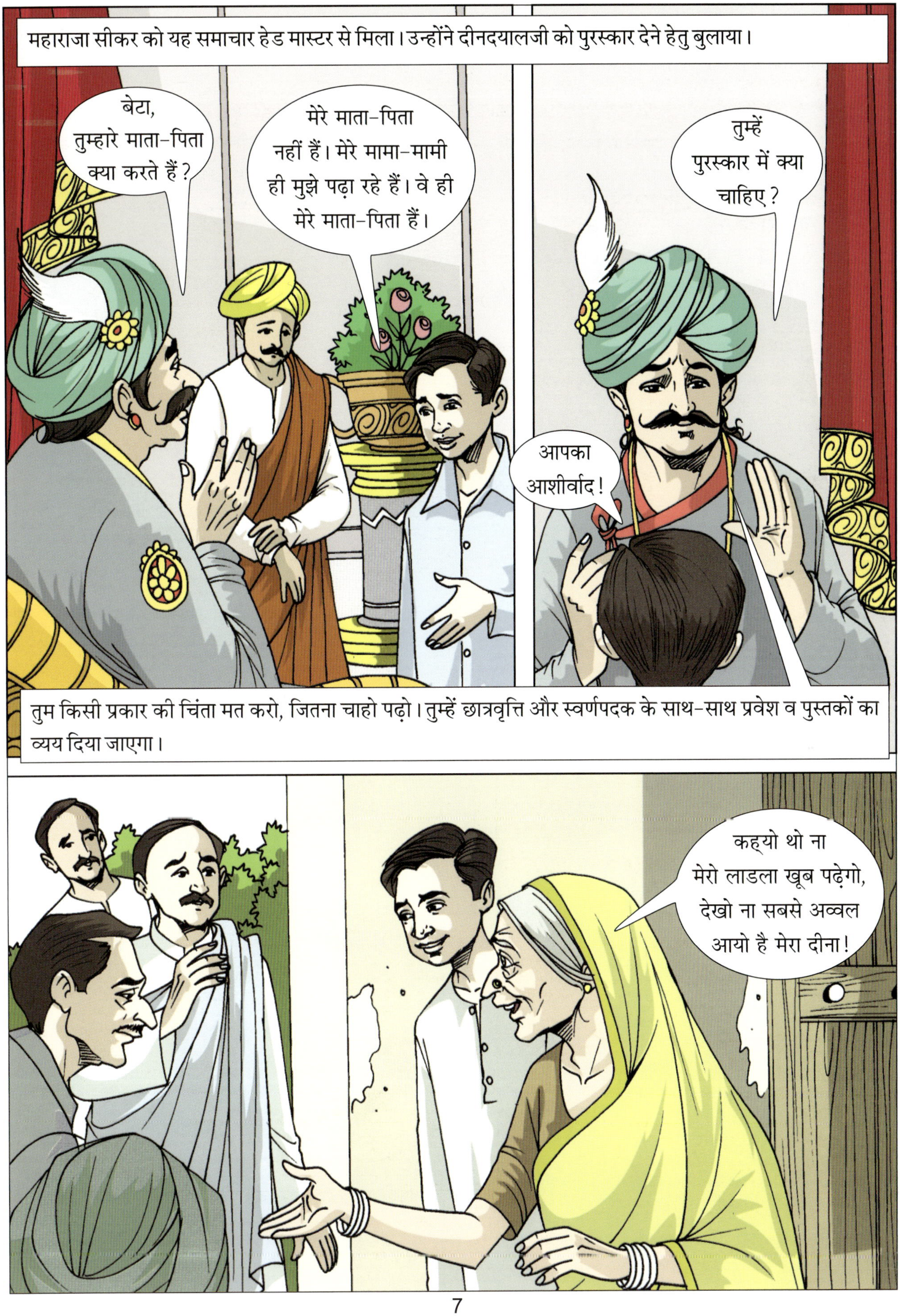

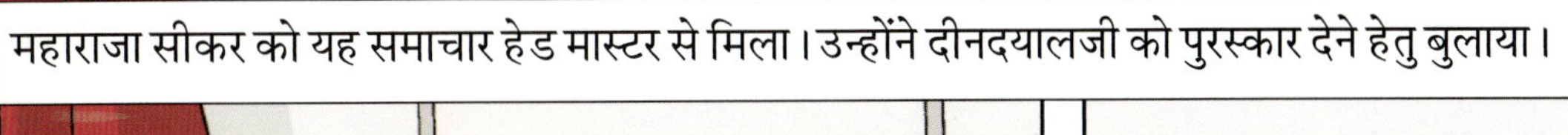

बेटा, तुम्हारे माता-पिता क्या करते हैं?

मेरे माता-पिता नहीं हैं। मेरे मामा-मामी ही मुझे पढ़ा रहे हैं। वे ही मेरे माता-पिता हैं।

तुम्हें पुरस्कार में क्या चाहिए?

आपका आशीर्वाद!

तुम किसी प्रकार की चिंता मत करो, जितना चाहो पढ़ो। तुम्हें छात्रवृत्ति और स्वर्णपदक के साथ-साथ प्रवेश व पुस्तकों का व्यय दिया जाएगा।

कॉलेज की पढ़ाई के लिए पिलानी जाने से पूर्व उनकी प्रिय ममेरी बहन रमा खूब रोई।

जीजी, रोओ मत, मैं फिर आऊँगा।

महाविद्यालय में दीनदयालजी के पढ़ने का समय रात्रि के 10 बजे से प्रात: 4 बजे तक रहता था। दिनभर वे अन्य विद्यार्थियों की पढ़ाई में मदद करते थे।

यहाँ कोने में लालटेन जलाकर पढ़ना ठीक रहेगा, किसी की नींद खराब नहीं होगी।

'मुझसे मदद माँगनेवाले विद्यार्थियों की संख्या बढ़ती ही जा रही है। क्यों न एक एसोसिएशन बना लूँ। हाँ, और उसका नाम रखूँगा 'जीरो एसोसिएशन'।

उनकी इस लगन को देखकर एक बार एक प्रोफेसर ने कहा—
"दीनदयाल तो रात को अंधकार में स्वयं को जलाकर ज्ञान-रूपी प्रकाश प्राप्त करता है।"

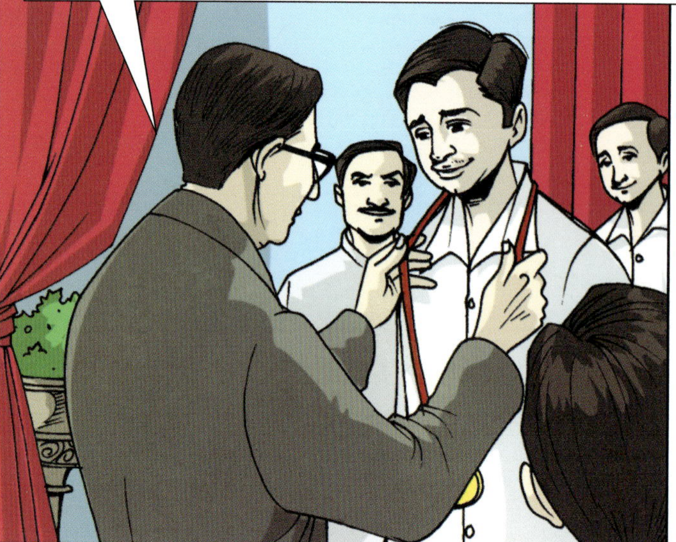
उनकी प्रतिभा का समाचार कॉलेज के मालिक सेठ घनश्याम दास बिरला के पास पहुँचा।
आज तक कॉलेज में किसी छात्र को इंटरमीडिएट में इतने अंक प्राप्त नहीं हुए। यह स्वर्ण पदक देते हुए मुझे अतीव प्रसन्नता हो रही है। तुम्हें मासिक छात्रवृत्ति और किताबों का खर्च भी हमारी ओर से प्राप्त होगा। तुम जब चाहोगे, हमारे यहाँ अच्छी सी नौकरी भी पा सकोगे।

1937 में उन्होंने राष्ट्रीय स्वयंसेवक संघ में प्रवेश किया। साथ ही बी.ए. की परीक्षा प्रथम श्रेणी में पास की। इसी बीच उनकी ममेरी बहन रमादेवी बहुत बीमार पड़ गईं। दीनदयालजी एम.ए. की परीक्षा की तैयारी कर रहे थे, किंतु बहन की देखभाल के लिए उसके पास पहुँच गए।

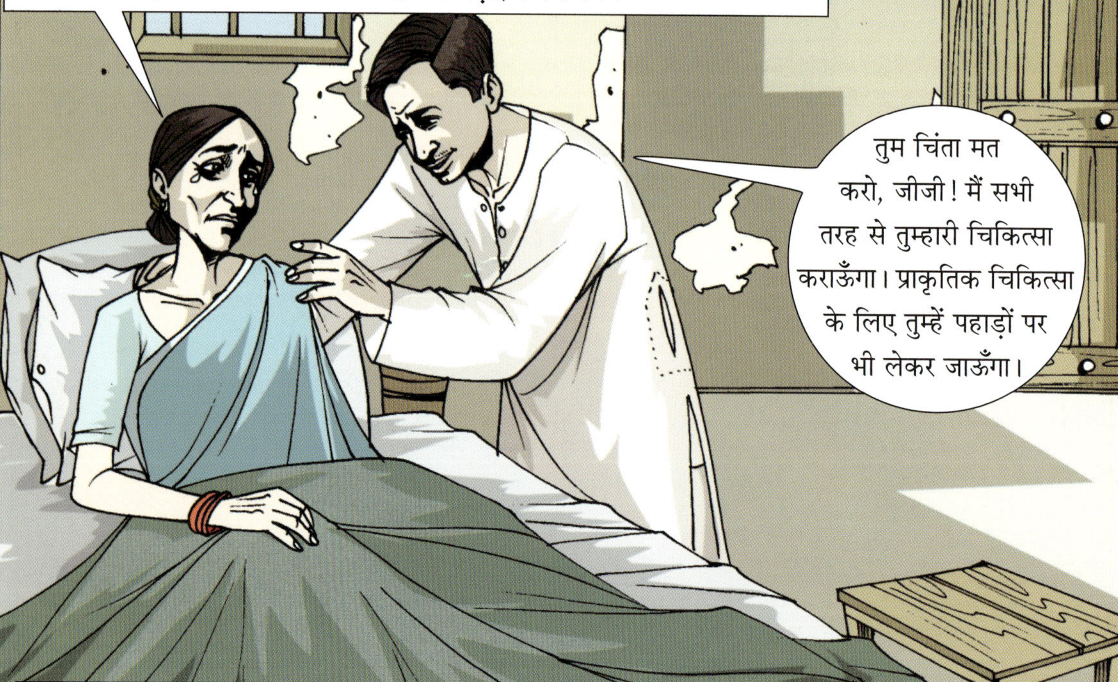
मेरे इलाज और सेवा का भार तुम पर ही आन पड़ा है। तुम्हारी परीक्षा भी नजदीक है। इस तरह से रात-दिन जागकर मेरी सेवा करते रहोगे तो पढ़ाई कब करोगे ?
तुम चिंता मत करो, जीजी ! मैं सभी तरह से तुम्हारी चिकित्सा कराऊँगा। प्राकृतिक चिकित्सा के लिए तुम्हें पहाड़ों पर भी लेकर जाऊँगा।
पर हुआ वही जो ईश्वर को मंजूर था। रमादेवी बच न पाईं। दीनदयालजी इस आघात और आंतरिक पीड़ा को सहते हुए परीक्षा में नहीं बैठ पाए।

एक के बाद एक अपनों की मृत्यु, और अब ममेरी बहन की मृत्यु ने दीनदयालजी को बुरी तरह विचलित कर दिया। वे दुःख और शोक में डूब गए। मामा राधारमणजी उनकी प्रतिभा को नष्ट होते नहीं देख सकते थे।

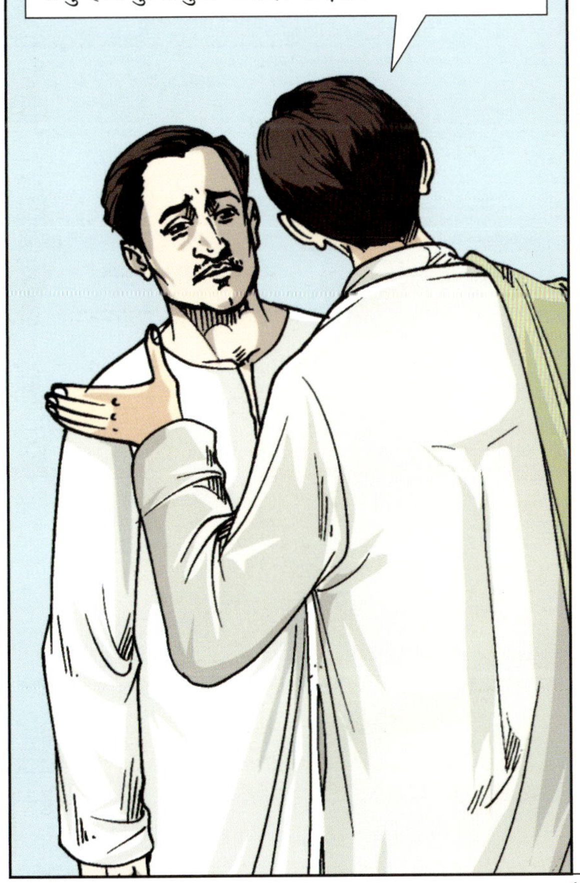
बेटा, तुम भारतीय प्रशासनिक सेवा परीक्षा की तैयारी करो। मुझे विश्वास है कि पुनः पढ़ाई की ओर ध्यान देने से तुम्हारा दुःख कुछ कम हो जाएगा।

दीनदयाल ने पूरा ध्यान केवल पढ़ाई पर केंद्रित कर लिया। न खाने की सुध, न पहनने की। रात-दिन किताबों के बीच गुजरने लगे।

मामाजी के विशेष आग्रह पर अनिच्छा के बावजूद दीनदयालजी प्रशासनिक सेवा की परीक्षा में बैठे।
मामाजी, मैंने लिखित परीक्षा अच्छे अंकों से उत्तीर्ण कर ली है। अब साक्षात्कार बाकी है।
शाबाश बेटा!
मामी, सूट पहनकर न गया तो इंटरव्यू में बैठने नहीं देंगे। दरजी से तुरंत सूट सिलवाना पड़ेगा।

तुम्हारे पास
तो सिर्फ धोती-कुरता है। पर
तुम चिंता मत करो, मेरे पास
कुछ रुपए हैं, तुरंत एक सूट
सिलवा लो।

बाबूजी, इतनी
जल्दी सूट तो मैं तैयार
नहीं कर सकता।
स्वदेशी चीजों
का उपयोग करने का हम
दूसरों को उपदेश देते हैं, तो क्या
स्वयं हमें स्वदेशी वस्त्र नहीं
धारण करने चाहिए।

अरे देखो,
पंडितजी आए
हैं—हा हा ।

साक्षात्कार का दृश्य—

पता नहीं, चयन होगा कि नहीं। साक्षात्कार लेनेवाला व्यक्ति तो अंग्रेज है।
लेकिन मैंने परीक्षा में सर्वोत्तम अंक प्राप्त किए हैं।

देश की सबसे बड़ी नौकरी के लिए आप साक्षात्कार देने आए हैं। क्या आपको पता नहीं था कि साक्षात्कार के लिए सूट पहनना अनिवार्य है?

मैं यह बात जानता हूँ। लेकिन इस नौकरी के माध्यम से मैं जिस राष्ट्र की सेवा करना चाहता हूँ, वहाँ रहनेवाले 80 प्रतिशत लोग यही वेशभूषा पहनते हैं। इसलिए धोती-कुरता पहनने में मुझे कोई बुराई नजर नहीं आती, न ही कोई ग्लानि का अनुभव होता है।

पर इतने बड़े पद पर नियुक्त होने के लिए व्यक्ति का साधारण लोगों से अलग दिखना आवश्यक है।

क्षमा कीजिए, मैं इस पद के लिए बाहरी वेशभूषा की अपेक्षा आंतरिक गुणों का महत्त्व अधिक समझता हूँ।

आपकी दृष्टि में इस पद के लिए कौन-कौन से गुण होने चाहिए और क्या आप स्वयं को इस पद के योग्य समझते हैं ?
श्रीमान, इस पद पर नियुक्त होनेवाला राष्ट्र-निर्माण और समाज-उत्थान में महत्त्वपूर्ण भूमिका निभाता है, इसलिए सत्य, न्याय, स्पष्टवादिता, स्वार्थहीनता, परहित की भावना, साहस तथा विद्वत्ता—ये गुण उस व्यक्ति में होने चाहिए। मैं एक साधारण व्यक्ति हूँ। मेरी योग्यता पर आप विचार करें।

जब नतीजा आया तो दीनदयाल उपाध्याय का नाम तो तालिका में सबसे ऊपर था।
किंतु नौकरी करना तो उनकी वृत्ति में था ही नहीं। सदा अव्वल आनेवाले दीनदयाल ने अपने कॅरियर की चिंता कभी की ही नहीं। उन्होंने अपने ममेरे भाई और मामा को पत्र लिखे—
प्रिय बनवारी, मैंने एक स्वयंसेवक का जीवन संघ कार्य हेतु चुना है। यह मार्ग काँटों से परिपूर्ण है, किंतु मैं अपना समस्त जीवन समाज को अर्पण करना चाहता हूँ। क्या समाज का कार्य एक नौकरी के बराबर भी महत्त्व नहीं रखता? भावना से कर्तव्य ऊँचा है। राष्ट्रकार्य व्यक्तिगत स्वार्थ से ऊपर है।

घर लौटने के बाद मामाजी से प्रत्यक्ष भेंट होने पर—

मामाजी, आप मुझे प्रयाग में बी.टी. में प्रवेश हेतु एवं छात्रावास में रहने की अनुमति दें। मैं संघकार्य भी नियमित रूप से करना चाहता हूँ। आपके तीन बेटे हैं। एक बेटे को देश की सेवा करने की अनुमति दे दीजिए।

आदरणीय मामाजी, संघ के विषय में अधिक जानकारी न होने के कारण आप डर गए हैं। संघ केवल हिंदुओं के संगठन का एवं समाज के पतन को रोकने का काम करता है।
16

एक दिन लखीमपुर में उन्होंने अपने साथी अण्णाजी वैद्य से एक छोटा सा बक्सा लाने को कहा।
लाओ, इस में से एक पत्र निकाल लेता हूँ। अब इन सबको आप जला दीजिए।
पंडितजी, ये तो आपके प्रमाण-पत्र हैं। आपकी मेधा और उज्ज्वल यश के साक्षी!
मैंने अपना संपूर्ण जीवन मातृभूमि के चरणों में अर्पित कर दिया है। इसलिए अब इन डिग्रियों की मुझे कोई जरूरत नहीं है।

दीनदयालजी ने राष्ट्र की एकता, अखंडता, वैभवशाली अतीत और आन-बान को उजागर करता एक उपन्यास 'सम्राट् चंद्रगुप्त' एक ही बैठक में लिख डाला। इसकी भूमिका में उन्होंने लिखा है—
"यूरोपियन विद्वानों द्वारा प्रयत्नपूर्वक तथा उनका अंधानुकरण करने वाले भारतीय विद्वानों ने जो अंधकार फैलाया है, उसे नष्ट करने के लिए यह एक शोधपूर्ण कृति है।"

‘जगद्गुरु शंकराचार्य’ नामक अपने दूसरे उपन्यास में उन्होंने भारत को विश्व–पटल पर वही स्थान दिलाने का प्रयास किया, जो उसे वैदिक युग में प्राप्त था। उन्होंने लिखा—

दीनदयालजी ने संघ की विचारधारा के प्रसार के लिए 'राष्ट्रधर्म' प्रकाशन की नींव डाली, फिर 'पाञ्चजन्य' साप्ताहिक और 'स्वदेश' दैनिक का भी प्रकाशन किया। वे किसी काम को छोटा या बड़ा नहीं समझते थे।

दीनदयालजी जहाँ कार्यकर्ताओं को निरंतर देशसेवा के लिए प्रेरित करते थे, वहीं अपने विनोद से सबकी थकान भी दूर कर देते थे। एक बार संघ कार्यालय में—
हमें जम्मू-कश्मीर में चल रहे सत्याग्रह से संबंधित समाचारों को देशभर के अखबारों में भेजना है। इसलिए बहुत सारे पते लिखे लिफाफे तैयार करो।
हाँ, पते तो लिख दिए, पंडितजी! अब जल्दी-जल्दी टिकट चिपकाता हूँ।
अरे भाई, एकाध टिकट उल्टा भी चिपकाओ। तुम अकेले ही समाचार बनाने से लेकर टिकट तक चिपकाने का काम करते हो। अगर टिकटें सीधी चिपकाईं तो लगेगा कि हमारे कार्यालय में चपरासी तक नहीं है।

दीनदयालजी के व्यक्तित्व में समाई महानता का आभास पाना कठिन था। अपने जीवन-दर्शन को वे व्यावहारिक जीवन में उतारते चले गए। संघकार्य के लिए जब वे आगरा में थे, तब एक दिन सब्जी लेने मित्र नानाजी देशमुख के साथ बाजार गए।
नाना, सब्जी तो ले आए, पर एक गड़बड़ हो गई। मेरी जेब में चार पैसे थे, एक पैसा खोटा था। वह खोटा पैसा ही सब्जीवाली को दे आया। वह क्या सोच रही होगी। चलो, उसे ठीक पैसा दे आएँ।

रहने दो,
कौन ढूँढ़ेगा अब
तुम्हारा खोटा पैसा ?

यह देखो,
मुझे मिल
गया।

बेटा, तुम
कितने अच्छे हो। भगवान्
तुम्हारा भला करे।

पंडितजी ने यद्यपि परिवार नहीं बसाया, परंतु उनके संबंध देश भर के सभी भाई-बहनों के साथ मधुर बने रहे। वे देश भर का दौरा करते और वहाँ के परिवारों से मिलते। उन परिवार वालों की आँखें अपार हर्ष से सजल हो जातीं।

एक बार संगठन कार्य से वे मथुरा पहुँचे। वृद्धाओं को खबर मिली तो आह्लाद से फूली न समाईं।

अरे देखो तो, अपना
वही दुबला-पतला, धोती-कुरता
पहननेवाला दीना आया है। कैसा है,
कहाँ घूमता रहता है रे ?

दादी, कुछ खिलाओगी भी कि केवल कुशल ही पूछती रहोगी ?
अरे दीना! तेरी प्रिय उड़द की दाल बनाई है और दही भी है, ले खा।
देशभर की यात्रा के दौरान वे एक बार दिल्ली स्टेशन पर खड़ी गाड़ी के तृतीय श्रेणी के डिब्बे में बैठे थे। तभी दो भिखारिनें डिब्बे में आईं।
चोर कहीं की ̈ । यात्रियों को परेशान करती हो।
अपनी सीट पर बैठो, मेरे काम में दखल मत दो।
अरे, इन्हें पीटते क्यों हो ?

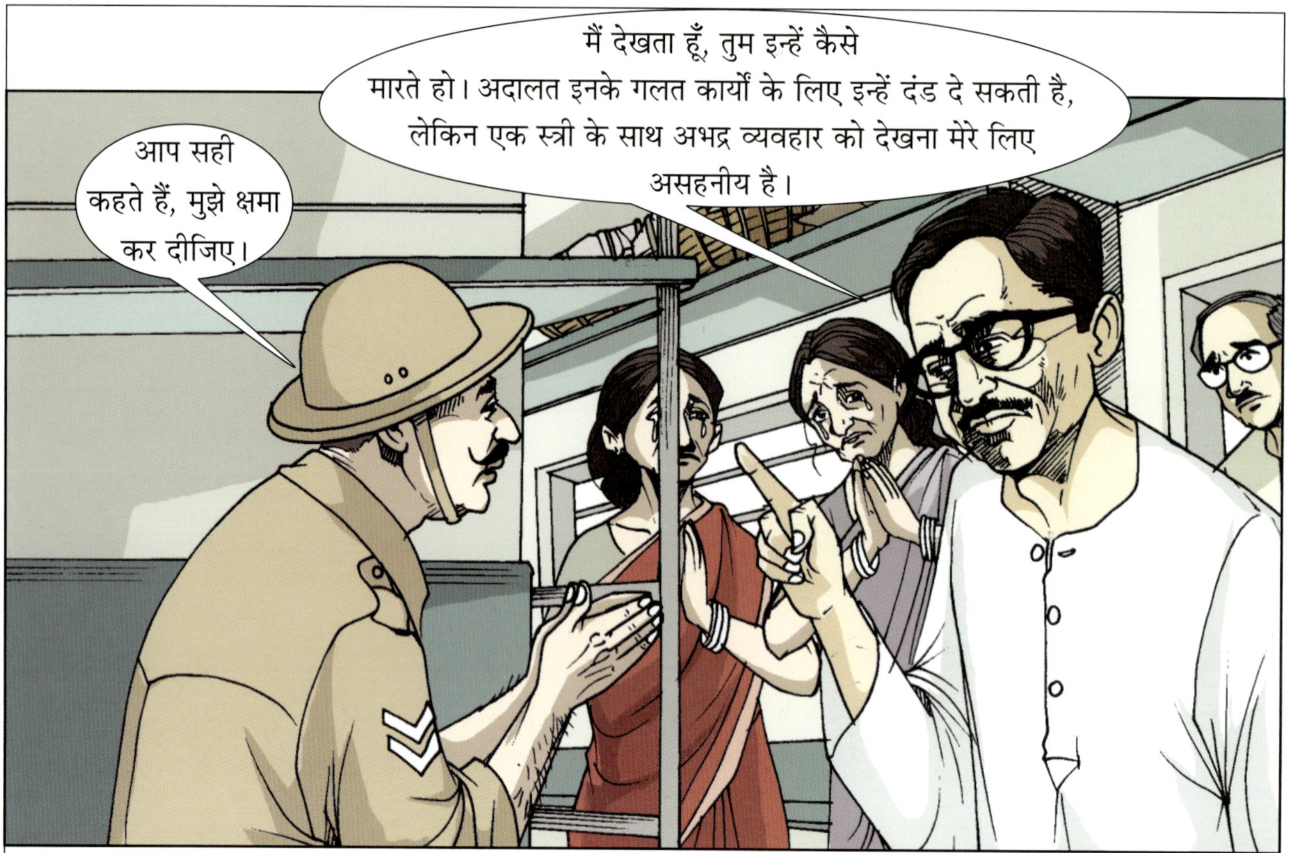

मैं देखता हूँ, तुम इन्हें कैसे मारते हो। अदालत इनके गलत कार्यों के लिए इन्हें दंड दे सकती है, लेकिन एक स्त्री के साथ अभद्र व्यवहार को देखना मेरे लिए असहनीय है।

आप सही कहते हैं, मुझे क्षमा कर दीजिए।

दीनदयालजी में प्रखर प्रतिभा थी। वे जिस क्षेत्र में गए, वहाँ समर्पण भाव से कार्य किया। संघ की शाखाओं में वे प्रेरक मार्गदर्शक की भूमिका निभाते थे। एक बार वे शाखा में कबड्डी, खोखो आदि प्रतियोगिताएँ देख रहे थे। उन्होंने विनोदपूर्वक एक टीम से कहा—

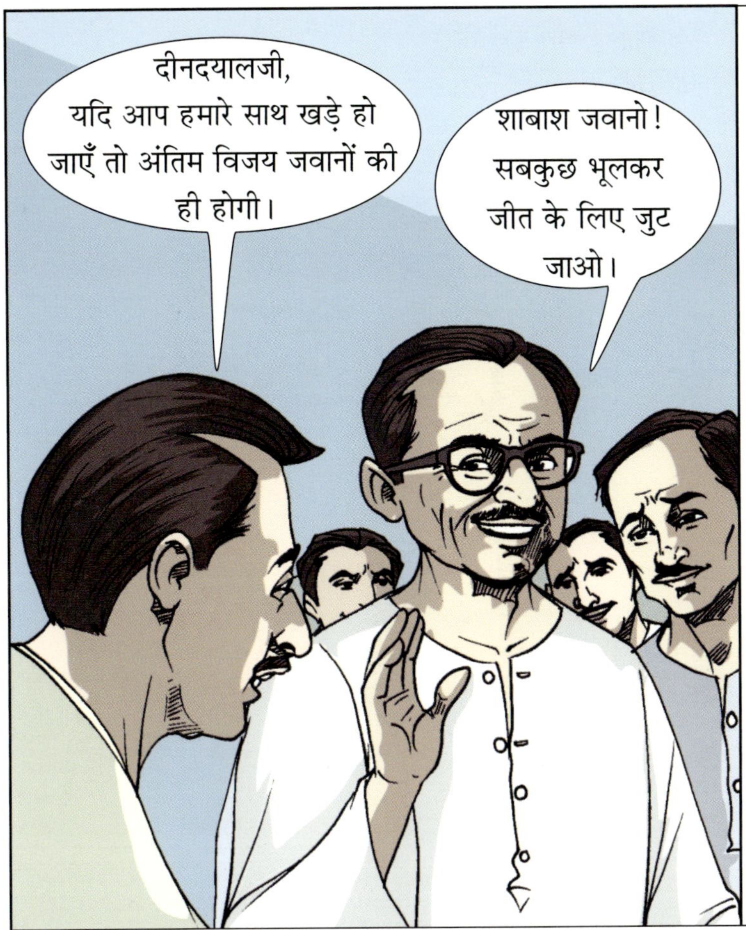

दीनदयालजी,
यदि आप हमारे साथ खड़े हो जाएँ तो अंतिम विजय जवानों की ही होगी।

शाबाश जवानो! सबकुछ भूलकर जीत के लिए जुट जाओ।

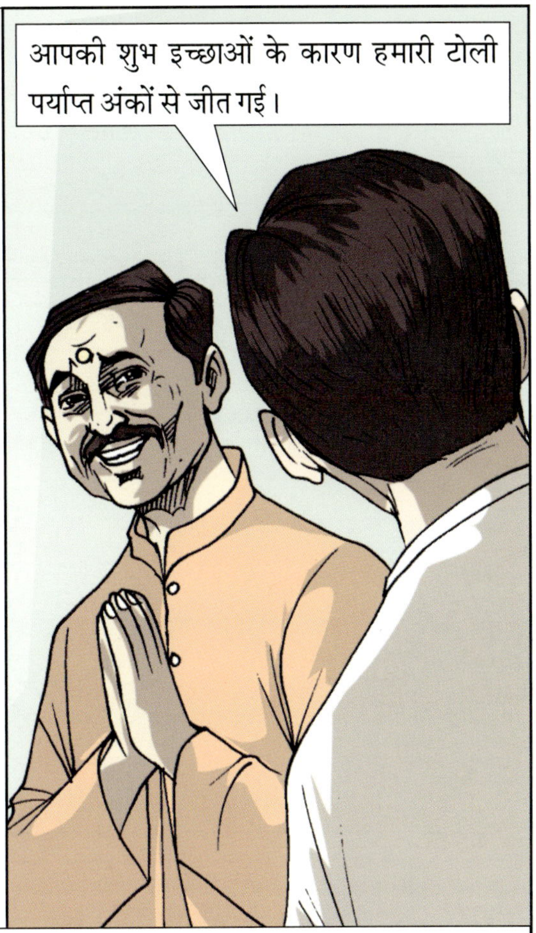

आपकी शुभ इच्छाओं के कारण हमारी टोली पर्याप्त अंकों से जीत गई।

पंडितजी कंधे पर झोला लटकाए, बगल में बिस्तर दबाए संघ के किसी भी कार्यालय में पहुँच जाते थे। एक बार लंबे प्रवास में बाल काफी बढ़ गए थे, तो लखनऊ कार्यालय पहुँचे।

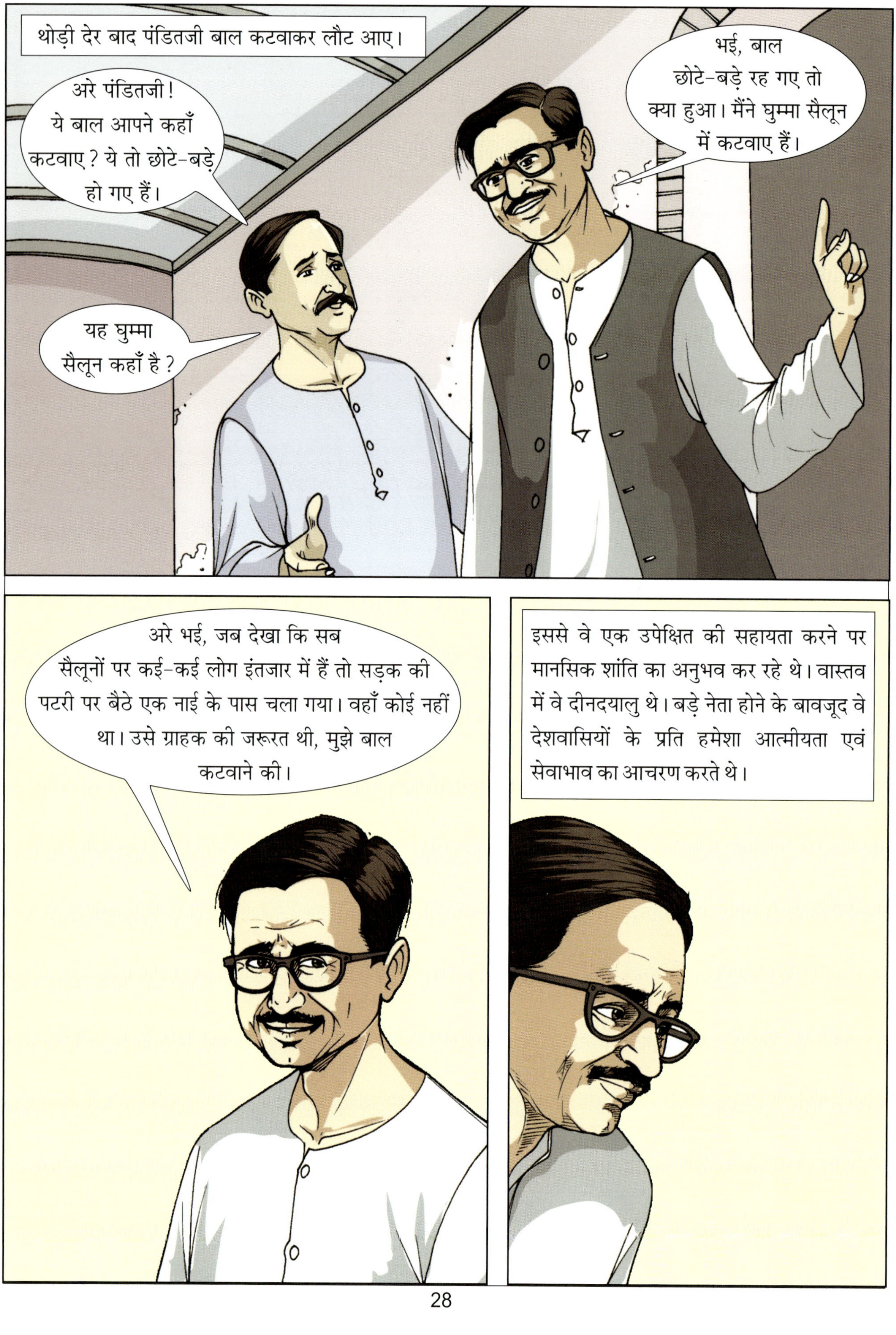

थोड़ी देर बाद पंडितजी बाल कटवाकर लौट आए।

अरे पंडितजी! ये बाल आपने कहाँ कटवाए? ये तो छोटे-बड़े हो गए हैं।

भई, बाल छोटे-बड़े रह गए तो क्या हुआ। मैंने घुम्मा सैलून में कटवाए हैं।

यह घुम्मा सैलून कहाँ है?

इससे वे एक उपेक्षित की सहायता करने पर मानसिक शांति का अनुभव कर रहे थे। वास्तव में वे दीनदयालु थे। बड़े नेता होने के बावजूद वे देशवासियों के प्रति हमेशा आत्मीयता एवं सेवाभाव का आचरण करते थे।

दीनदयालजी ने निर्धनों के उत्थान के लिए 'एकात्म मानववाद' का दर्शन दिया। देश भर में कार्यकर्ताओं को दिशा-निर्देशन का उत्तरदायित्व उन्होंने निभाया। उन्होंने ग्वालियर तथा मुंबई में महत्त्वपूर्ण भाषण दिए।
''बंधुओ! भारतीय संस्कृति एकात्म मानववादी है। वह संपूर्ण जीवन का, संपूर्ण सृष्टि का सम्यक् विचार करती है, टुकड़ों में नहीं। हम अनेकता में एकता को खोजते हैं। यह विचार पश्चिमी संस्कृति से भिन्न है। हम व्यक्ति के सुख का नहीं, समाज के सुख का विचार करते हैं।''

दीनदयाजी बड़े कोमल हृदय तथा किसी की भी सेवा को तत्पर रहते थे। एक बार रेलयात्रा के दौरान एक अफसर उनकी सीट के सामने ही बैठा था। डिब्बे में बूट पॉलिश करनेवाला एक लड़का आ गया।

रेलगाड़ी रुकी। 'दीनदयाल उपाध्याय जिंदाबाद' के नारों के साथ स्वागत करता जनसमूह सामने था।

वे एक ईमानदार व्यक्तित्व के धनी थे। हमेशा तृतीय श्रेणी में ही यात्रा करते थे। एक बार स्थान न मिलने के कारण कार्यकर्ताओं ने द्वितीय श्रेणी में ही उनका बिस्तर लगा दिया। सुबह होते ही टी.टी. के पास पहुँचे और उसे अतिरिक्त किराया देने लगे।

मैंने द्वितीय श्रेणी में यात्रा की है तो मैं उसी का किराया दे रहा हूँ।
श्रीमान, आप जा सकते हैं। कौन जानता है कि आपने द्वितीय श्रेणी में यात्रा की है।
श्रीमान, अपनी तीस वर्ष की नौकरी में आप ही एकमात्र ऐसे व्यक्ति मिले, जो तृतीय श्रेणी के टिकट पर द्वितीय में यात्रा करने पर अतिरिक्त किराया लेने पर जोर दे रहे हैं।

दीनदयालजी कार्यकर्ताओं को संबोधित करते हुए—
''बंधुओ! हमारी राष्ट्रीयता का आधार 'भारत माता' है, केवल भारत नहीं। माता शब्द हटा दीजिए तो भारत केवल जमीन का एक टुकड़ा मात्र रह जाएगा। इस भूमि के प्रति ममत्व तब आता है, जब माता वाला संबंध जुड़ता है। यही देशभक्ति है।''

दीनदयालजी जिन आदर्शों के लिए पैदा हुए थे, उन्हीं को मूर्त रूप देने के लिए उनका राजनीति में प्रवेश हुआ। उन्होंने आजीवन देशसेवा का व्रत लिया।
देश को स्वाधीनता दिलाने, सर्व-संपन्न बनाने, शक्तिशाली राष्ट्र के रूप में खड़ा करने और संपूर्ण समाज में समरसता लाने के लिए जीवनपर्यंत मनसा, वाचा, कर्मणा अविराम साधना करूँगा।

लंदन की यात्रा के दौरान उन्होंने एम.पी. मि. सोरेनसन की विनोद भरी टिप्पणियों का जोरदार जवाब दिया।
आप भी धोती पहनकर महात्मा गांधी बनने की कोशिश कर रहे हैं?
कोशिश तो कर रहा हूँ, पर उनके जैसा बनना मुश्किल है, क्योंकि नीचे से गांधी हूँ, पर ऊपर से अंग्रेजी कोट पहना है, जो यहाँ के मौसम के कारण मजबूरी है।

यहाँ के मौसम और अंग्रेज लड़कियों से आप न घबराएँ तो आपका होशियार होना साबित हो जाएगा।
मैं अविवाहित हूँ। मैंने जीवन भर देशसेवा का व्रत लिया है। जब इतना बड़ा उद्देश्य सामने है तो इन चीजों से मैं नहीं घबराता।
आपने तो मेरा दिल जीत लिया!

राजनीति में आने के बाद भी वे एक नेता नहीं बल्कि दार्शनिक की तरह रहे। उन्होंने ईमानदारी, कटुता रहित मानवीय आधार पर राजनीति करने की बात कही।

चुनावों का समय चल रहा था। एक नेता ने सुझाव दिया कि जातिगत भावनाओं को उभारकर अपनी स्थिति मजबूत की जाए। इस पर दीनदयालजी भड़क गए।
सिद्धांतों का बलिदान करके विजय प्राप्त करना मेरी दृष्टि में पराजय से भी अधिक दुखदायी और कष्ट प्रदायक है। हमारा काम राष्ट्र को जोड़ने का है, तोड़ने का नहीं।

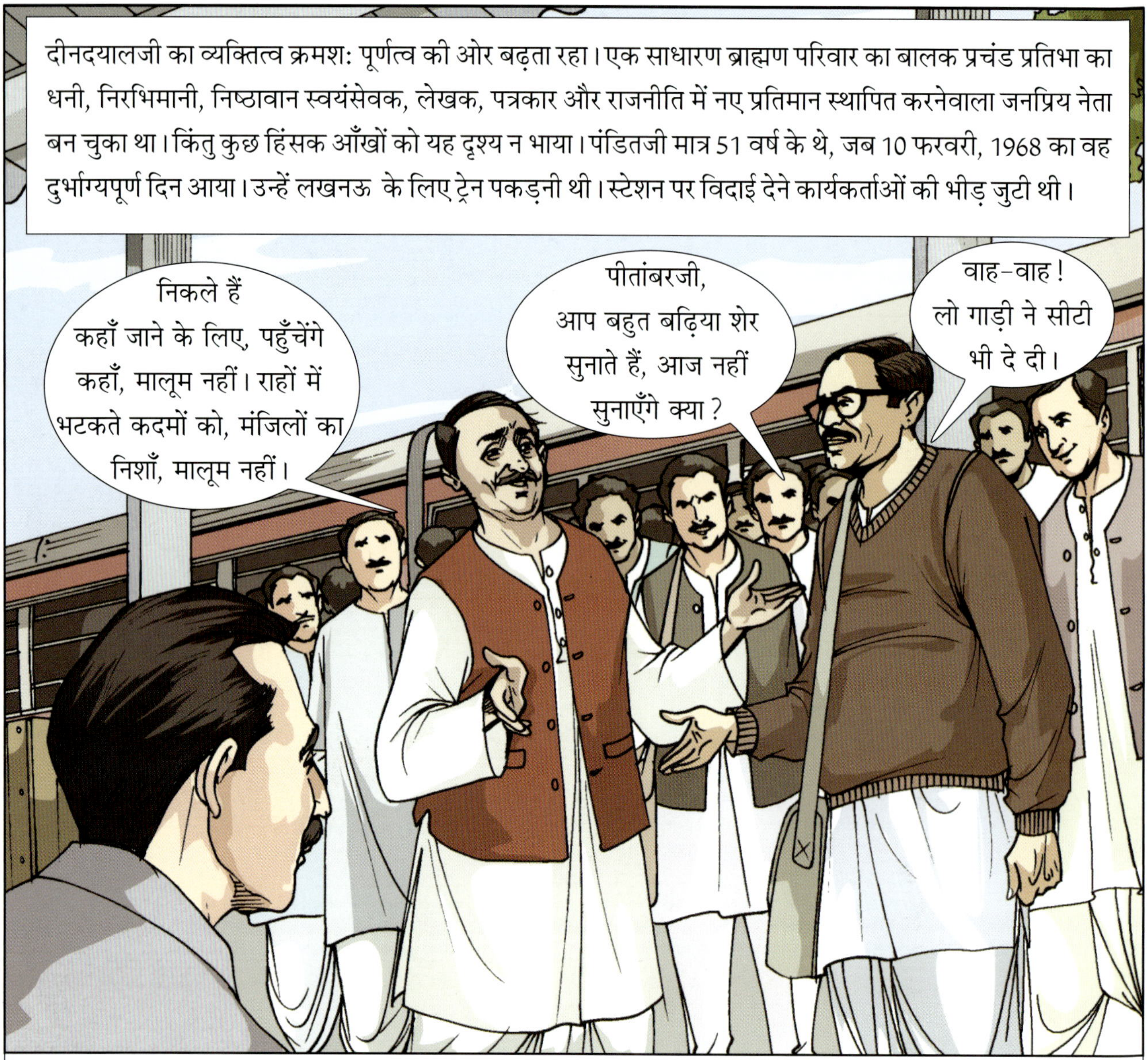

दीनदयालजी का व्यक्तित्व क्रमश: पूर्णत्व की ओर बढ़ता रहा। एक साधारण ब्राह्मण परिवार का बालक प्रचंड प्रतिभा का धनी, निरभिमानी, निष्ठावान स्वयंसेवक, लेखक, पत्रकार और राजनीति में नए प्रतिमान स्थापित करनेवाला जनप्रिय नेता बन चुका था। किंतु कुछ हिंसक आँखों को यह दृश्य न भाया। पंडितजी मात्र 51 वर्ष के थे, जब 10 फरवरी, 1968 का वह दुर्भाग्यपूर्ण दिन आया। उन्हें लखनऊ के लिए ट्रेन पकड़नी थी। स्टेशन पर विदाई देने कार्यकर्ताओं की भीड़ जुटी थी।

निकले हैं कहाँ जाने के लिए, पहुँचेंगे कहाँ, मालूम नहीं। राहों में भटकते कदमों को, मंजिलों का निशाँ, मालूम नहीं।

पीतांबरजी, आप बहुत बढ़िया शेर सुनाते हैं, आज नहीं सुनाएँगे क्या?

वाह-वाह! लो गाड़ी ने सीटी भी दे दी।

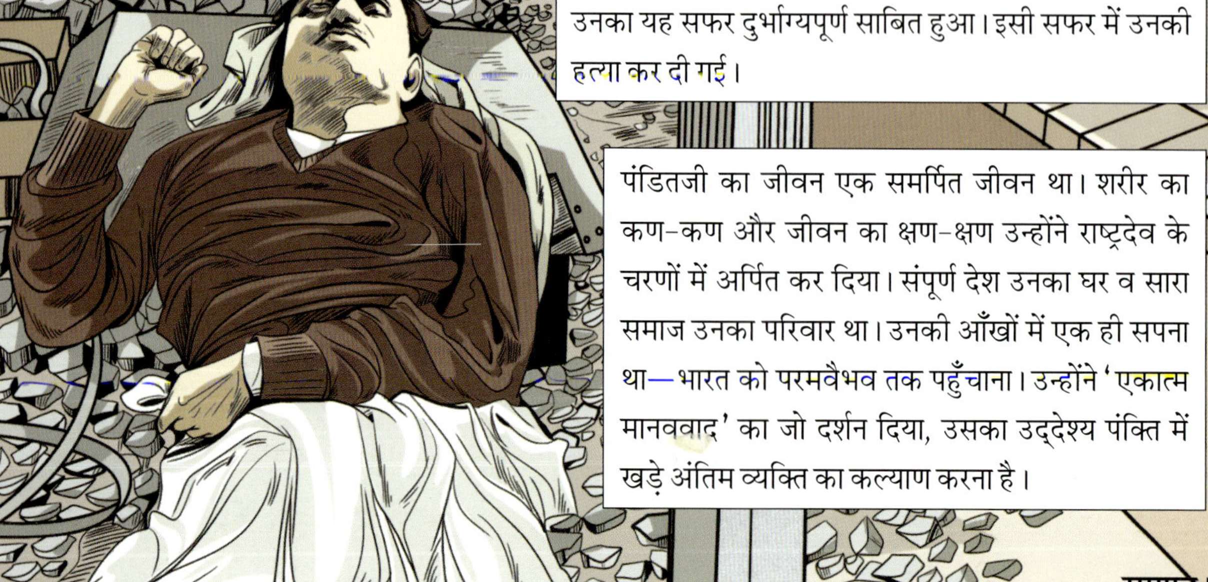